NOTICE

DES

PRINCIPAUX ARTICLES

DE LA BIBLIOTHÉQUE

DE FEU M. CADET-GASSICOURT,

Dont la Vente se fera les Vendredi 26 et Samedi 27 Avril 1822, à six heures très-précises de relevée, en sa maison rue Saint-Honoré, n° 108.

Les adjudications seront faites par M[e]. CHARIOT, Commissaire-Priseur, rue Montmartre, n° 84.

Se distribue A PARIS,

Chez DE BURE, frères, Libraires du Roi, et de la Bibliothéque du Roi, rue Serpente, n° 7.

1822.

Les Livres seront exposés dans l'ordre qui suit:

1re *vacation, le vendredi* 26 *avril* 1822.

Les numéros V, VII, IV, III, VI, XII, VIII, I et II.

2e *vacation, le samedi* 27.

Les numéros X, XI, IX, XVI, XVIII, XVII, XIII, XV, XIV et l'Addition.

1ère vacation — — — — — — — 2238f..45c.

2e — — — — — — — — — — 3022..85c.

5261..30.

Nous avions fait avant la vente une estimation article par article, d'après un état raisonné, elle se montait à — — — — — 5556f.30.

la vente aux enchères a produit . . 5261..30.

Différence — — — — — — — 295f..00.

felix cadet.

idem

Labitte

felix cadet.

martin

p.

Simonnet.

Delassus.

chimbon.

Lidet.

p.

NOTICE

DES PRINCIPAUX ARTICLES

DE LA BIBLIOTHÉQUE

DE FEU M. CADET-GASSICOURT.

N° Ier 92 *vol. in*-8. *et in*-12. dont :

Recueil de pièces sur la Révolution, etc. 11 *vol. in*-8. *bas.*
— de pièces de théâtre. 17 *vol. in*-8. *bas.*
Œuvres de Crébillon. *Paris*, 1785, 3 *vol. in*-8. *fig. bas.*
— de Racine, publ. par Petitot. *Paris*, 1807, 5 *vol. in*-8. *fig. v. éc. dent. Pap. Vél.*
Théâtre de M. J. Chénier. *Paris*, 1818, 3 *vol. in*-8. *v. r. dent.*
Œuvres de Beaumarchais. *Paris*, 1809, 7 *vol. in*-8. *fig. bas.*
Répertoire du Théâtre Français. *Paris*, 1803, 23 *vol. in*-8. *fig. v. r. fil.*

N° II. 129 *vol. in*-8. *et in*-12. dont :

Voltaire, de Kehl. 1785, 74 *vol. in*-8. *dont* 2 *de tables et* 2 *de suppl. rel. en bas.*
Œuvres de P. et de Th. Corneille. *Paris*, 1758, 19 *vol. pet. in*-12. *v. m.*
— de Molière. *Paris*, 1778, 8 *vol. pet. in*-12. *v. m.*
Études de la Nature, par Bernardin de St. Pierre. *Paris*, 1787, 6 *vol. in*-12. *bas.*

N° III. 192 *vol. in-4. in-8. et in-12.* dont :

Homère de Bitaubé. 12 *vol. in-18. v. rac.*

Œuvres de Piron. *Paris,* 1776, 9 *vol. pet. in-12. bas.*

Cours de littérature, par de La Harpe. *An* VII, 16 *vol. in-8. bas.*

Œuvres d'Andrieux. *Paris*, 1818, 3 *vol. in-8. v. porph. dent.*

— de La Fontaine. 1814, 6 *vol. in-8. v. porph. dent.*

Le Décaméron de Boccace. 1757, 5 *vol. in-8. fig. m. r.*

Œuvres de Florian. 1786, 12 *vol. in-18. v. porph.*

N° IV. 49 *vol. in-8.* dont :

Robinson Crusoé. *Paris*, *l'an* VIII, 3 *vol. in-8. fig. v. porph.*

Télémaque, par Fénelon. *Paris*, 1820, 2 *vol. in-8. fig. v. r. dent.*

Variétés littéraires. *Paris*, 1804, 4 *vol. in-8. bas.*

Lettres à Émilie, par Demoustier. *Paris*, 1790, 3 *vol. in-8. v. m.*

La Jésusalem délivrée, trad. par Baour-Lormian. 1819, 3 *vol. in-8. fig. v. f.*

Tableau historique des Littérateurs français. 1785, 4 *vol. in-8. bas.*

N° V. 133 *vol. in-8. in-12. et in-18.* dont :

Les Dîners du Vaudeville. 6 *vol. in-18. v. porph.*

L'Épicurien français. 1806, 8 *vol. in-18. v. porph.*

Le Caveau moderne. 1807, 11 *vol. in-18. bas.*

Œuvres de madame Riccoboni. *Neufchâtel*, 1780, 8 *vol. in-12. v. m.*

Hudibras, poëme, par Butler. 1757, 3 *vol. in-12. v. m.*

p.
p.
~~canthions~~ Canthions

felix Cadet.
idem
Mlle Bodot.

andrieux. of.

Cadet jne
felix cadet.
idem
p.
simonnet
idem

Robinson. of.

Mme porquet.
chariot.
chimot.
idem

Manque le tome 8.

l'épicurien. atal.
le caveau. atal.

chimot.

Mr porquet.

felix cadet.

chimbort.

vendu sans aucun rapport. felix cadet.

gregoire fils.

felix cadet.

l'alcoran. atal.

chimot.

cadet.

mlle bodot.

la meme

cadet j[ne]

idem

Rey

Œuvres de Rabelais. *Amsterdam*, 1711, 5 *vol.* = Lettres. 1710, 1 *vol. Les* 6 *vol. in*-12. *v. b.*

N° VI. 142 *vol. in-fol. in*-4. *in*-8. *in*-12. *et in*-18. dont :

Don Quichotte. *Paris*, 1752, 6 *vol. in*-12. *bas.*

Contes moraux et Bélisaire, par Marmontel. *Paris*, 1787, 4 *vol. in*-12. *fig. v. m.*

Histoire de Faublas, par Louvet. *Paris*, 1790, 13 *vol. in*-18. *v. éc.*

Maladies de la peau, par M. Alibert. 10 *livraisons in-fol. en cahiers*, *fig. coloriées.*

Histoire de Maurice, comte de Saxe, par d'Espagnac. *Paris*, 1775, 3 *vol. in*-4. *fig. v. m.*

Œuvres de Boileau. *La Haye*, 1729, 2 *vol. in-fol. fig. v. f.*

N° VII. 116 *vol. in*-8. *in*-12. et *in*-18. dont :

L'Alcoran des Cordeliers et la Légende dorée. *Amsterd.* 1734, 3 *vol. in*-12. *fig. v. m.*

Journal d'Éducation. *Paris*, 1815, 10 *vol. in*-8. *demi-rel.*

Œuvres de Sénèque, trad. par Lagrange. *Paris, l'an* III, 6 *vol. in*-8. *dem.-rel.*

Essais de Montaigne. *Paris*, 1796, 4 *vol. in*-8. *bas.*

Œuvres de Montesquieu. *Paris*, *Bastien*, 1788, 6 *vol. in*-8. *v. porph.*

N° VIII. 111 *vol. in-fol. in*-8. *in*-12. *et in*-18. dont :

Œuvres de Fontenelle. *Paris*, 1785, 11 *vol. in*-12. *v. éc.*

— d'Helvétius. *Londres*, 1781, 5 *vol. in*-8. *v. m.* — —

— de Boulanger. *Paris*, 1792, 8 *vol. in*-8. *bas.* — —

Considérations sur la Révolution française, par madame de Staël. 1818, 3 *vol. in*-8. *bas.*

De l'Allemagne, par madame de Staël. *Paris*, 1814, 3 *vol. in*-8. *bas.*

Dictionnaire des Athées, avec le supplément. 2 *vol. in*-8. *v. rac. demi-rel.*

Œuvres de Diderot. 1798, 15 *vol. in*-8. *bas.*

Des Erreurs et des Préjugés, par Salgues. 1811, 3 *vol. in*-8. *v. r.*

Dictionnaire de Moreri. *Paris*, 1759, 10 *vol. in-fol. v. m.*

N° IX. 40 *vol. in*-4. *in*-8. *et in*-12. dont :

Bulletin de la Société d'encouragement pour l'industrie nationale. *Paris, an* x *et ann. suiv. les tom.* 1 *à* 16, *in*-4.

Description des Machines spécifiées dans les brevets d'invention, par Molard. *Paris*, 1811, 2 *vol. in*-4. *demi-rel.*

Nouveau Bulletin des Sciences de la Société Philomatique. *Paris*, 1807, 4 *vol. in*-4. *demi-rel.*

N° X. 95 *vol. in*-4. *in*-8. *in*-12. *et in*-18. dont :

Tableau de Paris. *Amsterdam*, 1782, 8 *vol. in*-12. *v. m.*

Voyage au Levant, par Pitton de Tournefort. *Lyon*, 1727, 3 *vol. in*-8. *fig. v. m.*

— en Italie, par de La Lande. *Paris*, 1786, 9 *vol. in*-12. *et atlas in*-4. *demi-rel.*

— en Autriche, par Marcel de Serres. *Paris*, 1814, 4 *vol. in*-8. *bas.*

Essai sur la nouvelle Espagne, par de Humboldt. *Paris*, 1811, 5 *vol. in*-8. *bas.*

Voyages de Pallas en Russie. *Paris*, *l'an* II, 8 *vol. in*-8. *bas. et atlas in*-4. *demi-rel.*

cadoj

simonnet

de langeac.

p.
chémot.

de lassu.

rey

pillet.

le fevre.

perquet.

gregoire.

rozeran

marc

p.

pillet.

dic~~tion~~naire. quatr. x m^t^
six fueil[illegible] tres Dechirés.

porquet.
limonnet.
idem
idem
cadet j^ne^
fayolle.

cadet j^ne^
martin
porquet.
p. –
Delaroque
carthion. ~~carthion~~

cadet j^ne^

N° XI. 34 *vol. in-fol. in-4. et in-8.* dont :

Voyage d'Anacharsis. *Paris*, 1788, 4 *vol. et atlas in-4. v. éc.*

— anx Indes orientales, par Sonnerat. *Paris*, 1782, 2 *vol. in-4. fig. demi-rel.*

Itinéraire de Paris à Jésusalem, par de Châteaubriand. *Paris*, 1811, 3 *vol. in-8. bas.*

Dictionnaire de la Bible, par D. Calmet. *Paris*, 1730, 4 *vol. in-fol. v. m.*

— de Bayle, et Supplément. *Rotterd.* 1702, 4 *vol. in-fol. v.*

Traité de la Police, par de Lamare. *Paris*, 1722, 4 *vol. in-fol. v. b.*

N° XII. 172 *vol. in-8. et in-12.* dont :

Collection de Mémoires relatifs à l'Histoire de France. *Paris*, 1785, 65 *vol. in-8. v. m.*

Histoire ancienne, par Rollin. *Paris*, 1758, 14 *vol. in-12. v. m.*

Histoire de France, par Velly, Villaret et Garnier. *Paris*, 1775, 30 *vol. in-12. v. m.*

Abrégé chronol. de l'Histoire de France, par le président Hénault. *Paris*, 1768, 5 *vol. pet. in-8. v. éc.*

Le Censeur, par M. Comte. *Paris*, 1814, 7 *vol. in-8. demi-rel.*

— européen, par Comte et Dunoyer. *Paris*, 1817, 12 *vol. in-8. demi-rel.*

Bibliothéque historique. *Paris*, 1818, 15 *vol. in-8. demi-rel.*

N° XIII. 149 *vol. in-8. et in-12.* dont :

Tacite, trad. par Dureau Delamalle. *Paris*, 1818, 6 *vol. in-8. bas.*

Mémoires de Sully. *Paris*, 1788, 6 *vol. in*-8. *demi-rel.*

Œuvres complètes de Mably. *Lyon*, 1796, 12 *vol. in*-8. *bas.*

Histoire de France pendant le dix-huitième siècle, par Lacretelle. 1810, 6 *vol. in*-8. *bas.*

Mémoires de Retz et de Guy Joly. *Genève*, 1777, 6 *vol. in*-12. *bas.*

Galerie de l'ancienne Cour. 1791, 8 *vol. in*-12. *bas.*

Œuvres de Plutarque, trad. du grec par Amyot, publ. par Clavier. *Paris*, 1801, 25 *vol. in*-8. *fig. v. r.*

— de Démosthène et d'Eschine, trad. par Auger. *Paris*, 1777, 5 *vol. in*-8. *bas.*

Biographie universelle. *Paris*, *Michaud*, 1811, *les tom.* 1 *à* 24, *in*-8. *demi-rel.*

N° XIV. 96 *vol. in-fol. in*-8. *et in*-12. dont :

Biographie moderne. *Leipsick*, 1806, 4 *vol. in*-8 *bas.*

— nouvelle des contemporains. *Paris*, 1820, *les tom.* 1, 2 *et* 3, *in*-8. *br.*

Mes Souvenirs de vingt ans de séjour à Berlin, par D. Thiébault. *Paris* 1813, 4 *vol. in*-8. *v. r. Pap. Vél.*

Essais sur Paris, par de Saint-Foix. *Paris*, 1766, 8 *vol. in*-12. *v. m.*

Encyclopédie, par Diderot et D'Alembert. *Paris*, 1751, 33 *vol. in-fol. fig. v. m.*

N° XV. 137 *vol. in*-8. *et in*-12. dont :

Œuvres complètes de Buffon. *Paris*, *de l'imprimerie royale*, 1774, 54 *vol. in*-12. *fig. v. m.*

Annales des Arts et Manufactures, par O' Reilly. *Paris*, 60 *vol. in*-8. *fig. demi-rel.*

Dictionnaire de l'Industrie. *Paris*, *an* IX, 6 *vol. in*-8. *demi-rel.*

nozeran

felix cadet.

cadet jne — histoire. desvar.

de lassus.

idem

cadet jne

idem

idem

Biographie. troll. apit

truchy

idem

souvenirs. of.

chiadon.

cadet jne — il manque les tables.

cadet jne

blaise jne

felix cadet.

chinbaud. ~~ribizard~~.

porquet.

Delaune.

Rey

essais.

johanneau

felix cadet

Redon

Delaune

felix cadet.

idem

cadet j^o^

blaise j^o^

rachel j^o^

Chimie agricole de Davy, trad. de l'Anglais. *Paris*, 1819, 2 *vol. in-8. demi-rel. Pap. Vél.* 9.5.

Nouvelles Récréations physiques, etc. par Guyot. *Paris*, 1786, 3 *vol. in-8. fig. bas.* 6.

N° XVI. 122 *vol. in-8. et in-12.* dont:

Système des Connaissances chimiques, par Fourcroy. *Paris, an* IX, 11 *vol. in-8. demi-rel.* 35-10.

Chimie appliquée aux Arts, par Chaptal. *Paris*, 1807, 4 *vol. in-8. fig. bas.* 48-5.

Essais chimiques sur les Arts et les Manufactures de la Grande-Bretagne, trad. de l'Anglais. *Paris*, 1820, 3 *vol. in-8. bas.* 11--

Annales des Sciences physiques. *Bruxelles*, 1819, 4 *vol. in-8. fig. demi-rel.* 13.95.

Dictionnaire de Chimie, par Klaproth. *Paris*, 1810, 4 *vol. in-8. bas.* 20.5.

Chimie de Thomson, trad. de l'anglais. *Paris*, 1809, 9 *vol. in-8. bas.* 19.

— de Thenard. *Paris*, 1817, 4 *vol. in-8. bas.* 14.10

Mémoires de Physique, etc. de la société d'Arcueil. *Paris*, 1807, 3 *vol. in-8. bas.* 16-5-

Dictionnaire d'Histoire naturelle. *Paris, Déterville*, 1803, 24 *vol in-8. fig. v. r.* 106-

L'Art de connaître les hommes par la physionomie, par Lavater. *Paris*, 1806, 10 *vol. gr. in-8. fig. v. porph. dent.* 133.95

Traité de Minéralogie, par Haüy. *Paris*, 1801, 4 *vol. in-8. bas. et atlas in-4.* 12.

N° XVII. 102 *vol. in-4. in-8. et in-12.* dont:

Dictionnaire des Sciences médicales. *Paris, Panckoucke*, 1812 *et ann. suiv. in-8. fig. bas. les tomes* 1 *à* 45, et les tomes 46 à 53 bro. 230.

Mémoires de la Société de Médecine de Paris. 1798, 8 *vol. in-8. fig. bas.*

Flore des environs de Paris, par Bulliard. *Paris*, 1776, 5 *vol. in-4. v. b. fig. coloriées.*

Tableau du Règne végétal, par Ventenat. *Paris*, *an* VII, 4 *vol. in-8. v. f.*

Le nouveau de la Quintinye. *Paris*, 1785, 4 *vol. in-8. fig. v. r.*

Cours d'Agriculture, par l'abbé Rozier. *Paris*, 1809, 6 *vol. in-8. bas.*

N° XVIII. 52 *vol. in-4. in-8. et in-12.* dont :

Dictionnaire des Ouvrages anonymes et pseudonymes, par M. Barbier. *Paris*, 1806, 4 *vol. in-8. bas.*

Bulletin de Pharmacie. *Paris*, 1809, 6 *vol. in-8. fig. bas.*

Journal de Pharmacie, par MM. Cadet, etc. *Paris*, 1815, 6 *vol. in-8. bas.*

Dictionnaire de la Langue française, par Boiste. *Paris*, 1808, *in-4. bas.*

ADDITION.

Le nouveau Testament en latin et en français, traduit par le Maistre de Sacy. *Paris*, *Saugrain*, *de l'imp. de Didot jeune*, 1791, 4 *vol. in-4. demi-rel. dos de m. r. non rogné. Gr. Pap. Vél. fig. avant la lettre et eaux fortes.*

Œuvres complètes de Voltaire. *Kehl*, *de l'imprimerie de la Société typogr.* 1785, 92 *vol. in-12. fig. br. en cart. non rogné. Gr. Pap. Vél.*

Bochet jne
felix cadet.
idem
Mr Huzard.
Delarue.

Blaise jne
felix cadet.
Rey
cadet jne

Dictionnaire.

Merlin

felix cadet.

les figures sont très faibles.

LIVRES NOUVEAUX,

CHEZ DE BURE FRÈRES, LIBRAIRES DU ROI ET DE LA BIBLIOTHÉQUE DU ROI, RUE SERPENTE, N° 7.

COURS d'Analyse de l'École royale Polytechnique, par M. Cauchy, membre de l'Académie des Sciences, professeur à l'École royale Polytechnique, etc. *Paris, de l'Imp. roy.* 1821, *in*-8. *br.* Tome 1er .... 6 fr.

Les Séances de Hariri, publiées en arabe, avec un Commentaire, par M. le baron Silvestre de Sacy. *Paris, Imp. roy.* 1821, *in-fol. br.* 1re part.......... 30 fr.

— Le même ouvrage, *Pap. Vél.*.......... 45 fr.

La seconde partie est sous presse.

Pend-Naméh, ou le Livre des Conseils de Férid-Eddin Attar, en persan et en françois, traduit et publié par M. le baron Silvestre de Sacy. *Paris, Impr. royale,* 1819, *in*-8. *br.* 20 fr.

— Le même, *en Papier Vélin*.......... 30 fr.

Les Oiseaux et les Fleurs, allégories morales d'Azz-Eddin Elmocaddessi, publiées en arabe, avec une trad. et des notes, Par M. Garcin. *Paris, Impr. royale*, 1821, *in*-8. *br*... 15 fr.

Voyage à l'Oasis de Thèbes, et dans les déserts situés à l'orient et à l'occident de la Thébaïde, par M. Cailliaud, de Nantes; publié par M. Jomard, membre de l'Institut royal de France. *Paris, de l'Imprimerie royale, 2 vol. gr. in-fol. un de texte et un de gravures; ouvrage divisé en deux livraisons, chacune de 25 planches.*

—Prix de chaque livraison, texte et pl. *Papier fin*... 60 fr.

— La même, *Papier Vélin, fig. avant la lettre*..... 120 fr.

La première livraison paroîtra incessamment.

Antiquités de la Nubie, ou Monumens inédits des bords du Nil, situés entre la première et la seconde cataracte, dessinés et mesurés en 1819, par M. Gau, de Cologne, architecte.

L'ouvrage se composera de 60 planches terminées, dont 8 ou 10 coloriées, et se publiera en 12 livraisons de 4 à 6 planches.

Prix de chaque livraison, *Papier ordinaire*.......... 18 fr.

Papier Vélin.......... 36 fr.

Tous les Monumens sont dessinés sur la même échelle, et imprimés du même format que la Description de l'Égypte, et peuvent faire suite à cet ouvrage. Les quatre premières livraisons paroissent.

Grammaire arabe, par M. Silvestre de Sacy. *Paris,* 1810, *2 vol. gr. in*-8. *fig. br*.......... 24 fr.

— La même, *en Pap. Vél. cart.*.......... 48 fr.

Chrestomathie arabe, en arabe et en françois, par M. Silvestre de Sacy. *Paris*, 1806, 3 *vol. in-8. br*.............. 36 fr.

Recherches historiques et critiques sur les Mystères du Paganisme, par M. le baron de Sainte-Croix; seconde édition, revue et corrigée par M. Silvestre de Sacy, dédiée au Roi. *Paris*, 1817, 2 *vol. in-8. br. avec 2 planches*...... 15 fr.

— Les mêmes, *en Pap. Vél*...................... 30 fr.

Iconographie grecque, avec des Notices chronologiques et historiques, par E. Q. Visconti, membre de l'Institut. *Paris, de l'imprimerie de Didot l'aîné*, 1811, 3 *vol. in-4. avec un atlas de* 59 *planches in-fol. atlant. cart*........... 240 fr.

Iconographie romaine, tome 1er, Hommes illustres. Plus une planche et 12 articles de supplément à l'Iconographie grecque, par le même. *Paris, de l'imprimerie de Didot l'aîné*, 1818, *in-4. et atlas de* 17 *planches in-fol. atlant. cart*..... 72 fr.

La suite sera publiée par M. Mongez, membre de l'Académie des Inscriptions de l'Institut.

Sur la Statue antique de Vénus, découverte à Milo, en 1820; dissertation par M. Quatremere de Quincy. *Paris*, 1821, *in-4. br. avec une planche*........................ 3 fr.

— Le même, *Papier Fort*...................... 6 fr.

Sur la Statue antique de Vénus-Victrix, découverte dans l'île de Milo, en 1820, par M. le comte de Clarac. *Paris, de l'imprimerie de Didot l'aîné*, 1821, *in-4. fig. br*..... 6 fr.

Rifflessioni critiche sopra il saggio filosofico intorno alle probabilita del sig. Conte Laplace, fatte del dottor P. Ruffini. *Modena*, 1821, *in-8. br*......................... 4 fr.

Joan. Scapulæ Lexicon græco latin. *Oxonii*, 1820, *in-fol. br. en cart. Pap. Vél*.............................. 110 fr.

Édition considérablement augmentée, d'après les manuscrits de feu M. Bast. Elle est imprimée avec le plus grand soin, et elle est supérieurement exécutée.

Cleomedis circularis doctrinæ de Sublimibus libri duo, græce et lat. cum comment. R. Balforei, suasque animadversiones addid. J. Bake. *Lugd. Bat.* 1820, *in-8. br*............ 12 fr.

D. Wyttenbachii Opuscula, nunc primum conjunctim edita. *Lugd. Bat.* 1821, 2 *vol. in-8. br*............ 22 fr.

— Les mêmes, *Pap. de Hollande*.............. 40 fr.

DE L'IMPRIMERIE DE CRAPELET.

www.ingramcontent.com/pod-product-compliance
Ingram Content Group UK Ltd.
Pitfield, Milton Keynes, MK11 3LW, UK
UKHW021158230726
13926UKWH00001B/160